나는 몰라 안제이

| 일러두기 |

1.
이 <이제그반 글쓰기 모음집> 전집은 2024년 강릉 운산초등학교 2학년 이제그반 학생 9명이 1년 동안 한 '삶을 가꾸는 글쓰기' 활동을 9권의 책으로 묶은 것이다.

2.
이 책의 모든 내용과 표현은 담임 교사 김기수가 '공동체로서의 민주 시민 교육'의 일환으로 한 교실 운영 방침에서 비롯되었다. 아이들이 담아낸 학교에서의 삶의 글을 오탈자만 수정해 그대로 수록했다.

2024년 운산초등학교 2학년 이제그반

안제이 글쓰기 모음집

나는 몰라 안제이

안제이

여는 글

아홉 살 아홉 명의 아이들. 운산초등학교 2학년 이제그반 아이들이 함께 쓴 글은 모두 1,228편이다. 1편 〈어이없는 김도훈〉부터 9편 〈몽실이와 구하라〉까지 모두 읽으면 1,228편의 글을 읽는다. 원고를 찾지 못해 책에 담지 못한 글들도 있다. 이를 더하면 약 1,300편의 글을 썼다.

한 사람당 약 144편의 글을 썼다. 1년 동안 학교에 간 날이 190일이니 매일 글쓰기를 했다고 봐도 무리가 없다. 와, 이제그반 아이들은 정말 어마어마한 일을 했다.

"선생님, 도대체 아이들에게 무슨 짓을 한 건가요?"

이제그반 아이들이 쓴 1,228편의 글로 책을 내겠다고 말하니 출판사 사장님이 말했다.

내가 아이들에게 무슨 짓을 했나, 너무나 가혹한 일을 한 건 아닌가 생각했다. 출판사 사장님 말씀 때문에 아이들에게 미안한 마음이 들었다. 하지만 겨울방학 동안 아이들이 쓴 글을 읽으며 미안함이 싹 사라졌다. 미안함이 사라진 자리에 우리가 함께한 추억이 커다랗게 채워졌다. 사람은 시간이 흐르면 잊는다. 하지만 글로 남아있으면, 글을 읽고 언제든 그때 그 순간으로 돌아갈 수 있다. 함께 한 사람들을 추억할 수 있다. 나에게는 1,228편의 글이 그런 글이었다.

나는 확신한다. 언젠가 이제그반 아이들이 나에게 매일 글쓰기를 시켜줘서 고맙다고, 이를 모아 책으로 내줘서 고맙다고 연락해 줄 거라고 확신한다. 삶의 기쁜 순간이나 힘든 순간에 책을 꺼내 읽어 '우리 그때 참 신나게 살았노라고' 위로받고 응원받을 거라고 확신한다. 무엇보다 삶의 순간순간마다 글을 쓸 거라고 확신한다. 삶을 글로 채우고, 그 글들로 자신을 채우며 살아가길 바란다.

내 교직 인생에서 이제그반 아이들은 가장 많은 글을 쓴 아이들이 될 테다. 지금까지 이제그반 아홉 아이들만큼 글을 쓴 아이들이 없었고 앞으로도 없을 테다. 수많은 글을 읽으며 2024년의 선생 김기수를 추억할 수 있어 행복했다. 그 행복함 덕분에 나는 다시 아이들을 만나 행복하게 지낼 수 있을 테다.

행복한 선물을 전해준 이제그반 아이들 덕분이다. 고맙다.
이 아홉 권의 책이 너희들에게도 행복한 선물이 되면 좋겠다.

2025년 2월 3일 오전 12시 11분
2024년 운산초 2학년 이제그반 김기수 씀

목차

여는 글 ⋯ 4

작가 소개 ⋯ 9

1. 주제 낱말로 시를 쓰고 ⋯ 10

- 손
- 발
- 눈
- 몸
- 밥
- 국
- 맛
- 물
- 방
- 문
- 벽
- 집
- 옷
- 실
- 신
- 줄

- 길
- 돌
- 흙
- 땅
- 해
- 눈
- 비
- 빛
- 가다
- 오다
- 서다
- 걷다
- 먹다
- 보다
- 듣다
- 밀다

- 주다
- 씹다
- 웃다
- 파다
- 자다
- 찾다
- 모으다
- 만들다
- 묶다
- 놀다
- 담다
- 찢다
- 검다
- 크다
- 길다
- 같다

- 맑다
- 달다
- 춥다
- 늦다

2. 글똥누기를 모아모아 책을 만들다. … 68

- 새 학기 떡 돌리기
- 양보란 무엇일까?
- 1학년 때 우리반은?
- 2학년 때 우리반은?
- 산책
- 동아리 시작
- 비밀기지
- 지한이의 감자 샌드위치
- 안은영 작가와의 만남
- 파충류 카페
- 벽화 그리기
- 가난이란 무엇일까?
- 단오장
- <아홉 살 인생> 끝
- 영화 <아홉 살 인생>
- 생존수영
- 여름방학의 일
- 갑자기 시험
- <굴러가는 태웅이> 촬영 하루 전
- <굴러가는 태웅이> 촬영
- 첫 영상수업
- 송편 빚기
- 내가 찍은 영상 보기
- 추석
- 사라진 오골계
- 벼 베기
- 운산100 시작
- 운동장 길이 재기
- 아홉 살 기수
- 복사꽃 마을
- 자전거 타기(1)
- 나는 우리나라가
- 자전거 타기(2)
- 울진 해양과학관
- 자전거 타기(3)

- 1부터 5
- 6부터 10
- 축구 보기 하루 전
- 축구 본 날
- 쓰레기 대청소
- 학끼오TV
- 한강 작가 책 두 권을 골라 내용 상상하기
- 운산 마라톤
- 친구란 무엇일까?
- 짚신 만들기
- 기수가 사라진다
- 두 번째 짚신 만들기
- 세 번째 짚신 만들기
- 기수 없는 이제그반
- 마지막 영상수업
- 꿈자람 발표회 리허설
- 꿈자람 발표회
- 자전거 타기(4)
- 이안 작가와의 만남
- 지한이의 김밥
- 아이스 스케이트
- 얼음 산책
- 구구단 아니면 구구콘으로 시 쓰기
- 나눔장터
- 마지막 운산100
- 크리스마스 이브와 마니또 선물
- 위기철 작가와의 만남
- 자전거 시험
- 이제 열 살, 10대
- 안녕, 이제그반

3. 닫는 글 … 136
- 나의 상상엔 내가 있고 거기 있는 나에겐 나의 상상이 있습니다.
- 이제그반 아이들에게 보내는 가족들 글 모음

[특별판] 도롱뇽 일기 … 145

작가소개

〈나는 몰라 안제이〉

나는 뭘 좋아하는지 모른다.
그냥 하라는 거 한다.
기수가 하라는 거 말고 말이다.

누구나 좋아하는 게 있다고 생각하지만
나는 없다.

그러고 보니 내가 좋아하는 게 생각났다.
다시 까먹었다. ㅠㅠ

나는 좋아하는 게 뭘까?

1. 주제 낱말로 시를 쓰고

〈팔씨름〉

오빠랑 팔씨름을 했다.

너무 많이 했더니
손이 너무 아팠다.

오빠가 내 손을 잡고
팔씨름 한 판을 더 했다.

손이 너무 아팠다.

주제: 손

〈먼지투성이 고양이〉

우리 집에
고양이가 맡겨졌다.

고양이가 먼지투성이
냉장고 위에 올라갔다.

고양이 발이
먼지투성이가 되었다.

더럽다.

주제: 발

〈간질간질 고양이〉

고양이가
우리 집에 맡겨졌다.

처음에는 괜찮았는데
고양이를 만지고 나서
손 안 씻고 얼굴을 만졌더니
눈이 간지러웠다.

다음부터는
고양이를 만지고
손을 씻어야겠다.

주제: 눈

〈아프다 줄넘기〉

줄넘기를 했다.

너무 많이 했더니
다리가 너무 아팠다.

일주일이 지나고 나서야
줄넘기를 다시 할 수 있었다.

주제: 몸

〈잡곡밥〉

학교 급식에서는
거의 백미밥만 나온다.

가끔은 콩밥이 나오지만
나는 잡곡밥이 먹고 싶다.

학교에서는 왜
잡곡밥이 안 나오는 걸까?

학교에서
잡곡밥 같이 생긴 밥이
나오긴 하지만
맛은 없다.

주제: 밥

〈우유 국〉

오빠가 국물에
우유를 쏟았다.

너무 웃겼다.

엄청 맛없게 생겨서
먹지 않고 버렸다.

주제: 국

〈배고파〉

지금 너무 배고파서
뭐든지 다
맛있을 것 같다.

아직
한 시간 20분이나
남았는데…

망했다…

너무 배고파서
오늘 한 그릇을
다 먹을 것 같다.

주제: 맛

〈드라이아이스〉

아빠가
드라이아이스를 가져왔다.

물에 넣었더니
연기가 났다.

신기했다.

만져보았더니
아무 느낌도 안 났다.

신기했고 재미있었다.

주제: 물

〈뛰지 마!〉

오빠가
자꾸 방에서 뛴다.

오빠 집은 5층인데
오빠가 자꾸 방에서 뛰어서
밑 집에서 씨끄럽다고
올라올까 봐 무섭다.

주제: 방

〈문 잠그면 아빠 등짝〉

내가 화장실에 들어갔는데
오빠가 문을 잠궈서
들고 있던 젓가락으로
겨우 땄다.

오빠는 아빠한테
등짝 다섯 대를 맞았다.

난리가 났었다.

주제: 문

〈벽은 무서워〉

집에서 벽을 타고
끝까지 올라갔다.

밑을 봤더니
너무 무서워서
발로 낮은 벽으로
뛰어내려갔다.

주제: 벽

〈답답한 집은 20도〉

집은 답답하다.

아빠가 항상 보일러를
20도에 맞춰놓기 때문이다.

아빠가 제발 보일러 온도를
좀 내려줬으면 좋겠다.

아빠!
보일러 온도 좀
낮춰줘!

주제: 집

〈불편한 옷, 편한 옷〉

옷을 정리했다.

엄마가 그동안
불편한 옷만 사줘서
피부가 예민해졌다.

불편한 옷은
다~ 버리고
엄청 편한 옷만
남겼다.

주제: 옷

〈실로 아빠 손을 묶자!〉

서랍에 있던 실로
아빠 손목을 묶었다.

아빠가 강아지처럼
따라왔다.

몇 시간 뒤에
실을 풀어줬다.

주제: 실

〈모래 신발〉

바닷가에 갔다.

크록스를 신고 갔더니
모래가 가득 들어갔다.

집에 가는 길에도
모래가 나와서

이렇게 털었다.

주제: 신

〈실 레이저〉

오빠가 다이소에서
줄을 사왔다.

그러고는
여기저기에 줄을 달았다.

줄은 빨간색이었다.

오빠가 갑자기
레이저를 하자고 했다.

그게 뭐냐고 물어보니
빨간 줄을 피하면서
다니는 놀이였다.

재미는 있었다.

주제: 줄

〈대관령 옛길〉

대관령 옛길에 갔다.

도시락은
과자, 젤리, 음료수,
주먹밥, 김밥이었다.

정말 재미있었다.

절벽에 앉아서
사진도 찍고
정말 재미있었다.

주제: 길

〈나 돌 때〉

나 돌 때
할머니, 할아버지
또 친척들이
금열쇠, 금목걸이,
금반지를 주었는데

아빠가 도둑이
훔쳐갈 것 같아서
주머니에 넣어서
티 안 나게 쓰레기통에
숨겨두었는데

엄마가 뭔지 모르고
통째로 버렸다.

4억이나 들어있었대!

주제: 돌

〈식물이 잘 자라는 흙〉

아빠랑
토마토, 청경채, 꽃상추,
고수, 케일, 당근까지
엄청 많이 샀다.

아빠가
식물이 잘 자란다는
흙을 가져왔다.

딱 한 개
죽어버리긴 했지만
꽃상추가 잘 자라서
기분이 좋다.

내가 제일 좋아하는 건
방울토마토!

주제: 흙

〈차에서 떨어지면 땅에 부딪혀〉

내가 차에 올라타려는데
아빠가 말을 걸어서
놀라가지고
차에서 떨어졌다.

손, 팔꿈치, 무릎이
땅에 부딪혀서
다 까졌다.

주제: 땅

〈밝지 않은 해〉

오늘 아침에
너~무 졸려서
눈을 반쯤 감고
해를 봤는데
밝지가 않았다.

신기했다.

지금도
너~무 졸리다.

하하아음

주제: 해

〈눈 더미에 빠진 오빠〉

아침에 일어났더니
눈이 많이 내렸다.

오빠가
눈이 많이 쌓인 곳에서
위로 올라오다가
다리가 푹 빠져버렸다.

5분 동안
못 움직이다가
아빠가 겨우 꺼내주었다.

주제: 눈

〈주말 비〉

주말에
비가 내렸다.

그런데
주말에만
비가 내린다.

왜 그런걸까?

오늘은
비가 안 오는데…

왜 꼭 주말 날씨가 흐리면
비가 올까?

너무 궁금하다.

주제: 비

〈햇빛 가득 놀이터〉

햇빛이 뜨거웠다.

놀이터에 가지 못하고
그늘에만 있었다.

놀이터에서
놀지 못해서 아쉽다.

아빠한테
데리러 오라고 하면
항상 늦게 와서 덥다.

하필 2호차가 가고
4시 30분 조금 넘어서
아빠가 온다는데
어떡하지?

주제: 빛

〈다 가면〉

1호차가 가고
2호차가 가고
나는 혼자 남는다.

덥고 춥고
난리도 아니다.

집에 갈 때는
신나서 날뛴다.

친한 오빠가 생겼다.

2호차 가기 전에 있던 오빠들은
나를 ㅇㅇㅇㅇㅇㅇㅇㅇㅇ이라고
부르며 괴롭힌다.

나는 그래서
맨날 미끄럼틀 안에
숨어서 논다.

주제: 가다

〈아빠 빨리 와!〉

나는 항상 집에서
혼자 아빠를 기다린다.

아빠가 오길 기다리다보면
자연스럽게
냉장고를 뒤지게 된다.

아빠가 오는 시간은
정확히 7:30이다.

아빠!
빨리 좀 와!!

주제: 오다

〈트럭아 서지 마〉

오늘 학교에 오는데
앞에 가던 트럭이
끽~하고 섰다.

계속 멈춰있어서
조금 늦었다.

역시 트럭은
느리다.

트럭이 빨리 가면
넘어지는 건 알지만
그래도
너~~~무 느리다.

나중에는
엄청나게 빠른
트럭이 생기면
좋겠다.

주제: 서다

〈느린 아빠의 걸음〉

어제 아빠랑
아빠 회사에 갔다.

회사로 들어가면서 걷는데
아빠가 너~~무
느리게 걸었다.

좀 빨리 가라고 하니까
더~~ 느리게 갔다.

역시 아빠는
달릴 때는 빠른데
걸을 때는 느리다.

주제: 걷다

〈할머니와 밥〉

할머니랑 밥을 먹는데
할머니가 나를
꽉~~ 안았다.

숨이 막혔다.

할머니가 너무 꽉~~
안아서 그런지
먹은 게 밑으로 내려가서
더~~ 많이 먹었다.

할머니가 안으면
제 몸이 터질지도 몰라요.

그만 안아요~

제발~

주제: 먹다

〈감기에 걸리는 이유〉

아빠는 항상
창문을 5분 동안
열었다 닫고 잔다.

그런데... 오늘 아침에...
창문이 열려 있었다.

그래서...
기침, 가래, 재채기
이 세 가지 증상이 생겼다.

주제: 보다

〈모기 소리를 듣다. 귀 가까이에서〉

자전거를 배우다가
귀에 모기가 들어왔다.

소리가 잘 들리지 않았다.

다음 날 귀가 웅웅 거렸다.

할머니가 귀에 있는
모기 시체를 족집게로
꺼내주셨다.

주제: 듣다

〈텐트를 고정하려면 밀어야 해〉

아빠랑 캠핑 분위기를 내려고
마당에 텐트를 쳤는데 날아가서
다시 가져와서 돌텐트에
밀고 밀고 밀어서
고정해 두었는데…

또… 날아갔다…

아…

도대체 어떻게 해야
안 날아가지?

주제: 밀다

〈생일 선물을 받다〉

4월 내 생일

아빠가 생일 선물을
엄~~청 많이 주었다.

너무너무너무 많이 줘서
까기도 힘들었다.

생일 선물이
몇 개 인지도 모를만큼
많이 주었다.

생일 선물이
너무 많아~

주제: 주다

〈파를 씹다〉

일주일 전에
아빠랑 떡볶이를 먹었다.

파를 떡인 줄 알고
씹었다.

억울했다.

다들…

떡볶이인 줄 알고
파 씹은 적 있지?

주제: 씹다

〈웃긴 아빠〉

아빠가 나를
자꾸 웃긴다.

아빠가 오늘
차에서 나를 웃겼다.

자꾸 웃게 해서
결국 빵 터졌다.

역시 아빠는
오늘도 웃긴다.

오늘도 둘 다
완전 빵 터졌다.

항상 아침만 되면
너무 웃어서
배꼽이 빠질 것 같다.

주제: 웃다

〈내 흙 판 곳은 옆〉

일어나서 나가보니
아빠가 어제 내가 파 놓은 땅에
비닐을 깔고 물을 넣어놨다.

들어가서
조금 있다보니 아빠가 왔다.
아빠가 말했다.

제이야 그거 동네 댐이야…
얼른 나와…

사실 내가 파놓은 땅은
내가 들어간 곳
옆에 있었다.

주제: 파다

〈집에 가는 길에 잠을 자면〉

아빠랑 차를 타고
집에 가고 있었는데
너무 졸려서
자고 일어났더니
집에 와 있었다.

집에 가서
더 자고 싶어서
집에 들어가서
침대에 누웠는데

잠이 들지 않았다.

주제: 자다

〈고래상어를 보면 아빠를 찾아야 해〉

필리핀 여행 때
밀라릴라인가 그런 곳에서
스노클링으로
고래상어를 봤다.

고래상어의 위력이
얼마나 강한 건지.

아빠랑 멀어져서
겨우겨우 아빠를
다시 찾았다.

주제: 찾다

〈돈 모으기〉

할머니의 꿍꿍이

할머니가 어제 아니,
일주일 전부터
심부름을 시킨다.

심부름 돈도
안 주면서.

나중에
모아서 주려는 건가?

나도 돈을 많이
모으고 싶은데

할머니가 언제부터인가
심부름 값을
주시지 않는다.

언제 주시려는 걸까?

주제: 모으다

〈음식을 만들다!〉

우리 학교에서는
한 달에 두 번 수요일에
동아리를 한다.

만들기 동아리,
요리 동아리 등...

나는 요리 동아리다.
내 취미는
요리이기 때문이다.

나는 음식을 만드는 게 재밌다.

우리 집에서
음식 만드는 게
취미인 사람은
나밖에 없다.

주제: 만들다

〈실 묶기〉

아빠가 실을 사왔다.

벽 양쪽에 묶어놓고
레이저 피하는 것 같이
가지고 놀았다.

방에서 아빠가
빨래를 들고 나왔다.

빨래를 실에 묶었다.

다음날 아침에
빨래를 만져보니 말랐다.

주제: 묶다

〈놀기와 잠자기〉

내가 중간놀이에
무엇을 하냐면

잔다.

계속 자다 일어나면
10분 정도 남아있다.

요즘에는
잘 안 자지만
옛날에는
좀 많이 잤다.

스티커 놀이도 했다.

나는 노는 것보다
자는 게 좋다.

오늘은 중간 아니!!
점심 놀이 시간에
자야겠다.

아침에는
피곤하지 않았으니까.

주제: 놀다

〈담지마! 내가 인형이야?〉

아빠가
큰 비닐봉지를 가져와서
나를 담았다.

묶어서 동글동글하게
굴린 다음
숨 구멍을 뚫고
안고 잤다.

아침인데
너무 어두웠다.

아빠가 잠꼬대를 해서
침대에서 떨어졌다.

다리가 너무 아팠다.

주제: 담다

〈오빠 작품을 찢다〉

아빠가
옛날에 내가
무엇을 했는지
이야기해줬다.

오빠가 만든 작품을
막 갈기갈기 찢었단다.

오빠가 울었다는데
어릴 때라
기억이 잘 안 난다.

내가 오빠 작품을
왜 찢었던 걸까?

아,
아빠가 말해줬다.

오빠가 그린 그림이
쥐포인 줄 알고
먹으려고 했단다.

주제: 찢다

〈검은 하늘에 별똥별 100개〉

검어 검어 검어 검어
이렇게 계속 말할 만큼
하늘이 검을 때
별똥별이 100개
떨어진다고 해서 나갔는데

아무 것도 안 떨어졌다.

뭐지?
분명 100개나
떨어진다고 그랬는데?

아빠가 말했는데
거짓말이었나?

주제: 검다

〈키 큰 아빠〉

우리 아빠는
힘이 세다.

너무 세다.

쇠를 맨 손으로
구부릴 정도다.

키도 크다.

아,
내가 생각하기엔 말이야.

사실 우리 아빠는
키도 큰 건가 작은 건가
잘 모르겠다.

아무튼

키는 좀 큰 것 같다.

주제: 크다

〈긴 돌〉

엄청 긴 돌을 발견했다.
빨래 건조대보다도
더 길다.

아빠한테 가져가서
빨래 건조대로
쓰자고 했는데
차에 안 들어가서
안 된단다.

아쉽다.

빨래 많이 걸 수 있었는데
물론 내가 걸지는 않지만

그래도 엄청 긴 돌이었다.

주제: 길다

〈같은 회색 그랜저를 보면〉

우리 엄마 차는
회색 그랜저다.

그래서
회색 그랜저를 보면
엄마가 생각이 난다.

엄마 차랑
같은 차가 있으면

항상 번호판을 본다.

주제: 같다

〈맑은 하늘인데〉

오늘 날씨
최고 기온은 17도다.

최저 기온은 6도

하늘이 맑아도 춥다.

역시 가을인가 보다.

내가 신난 이유는…

오늘 패딩을
입을 수 있어서다!

내가 패딩을
좋아하는 이유는
너~무 편해서다.

따뜻하기도 하고
큰 패딩을 입으면
숨을 수도 있다.

난 그래서
패딩이 좋다.

주제: 맑다

〈블루베리 롤케이크는 달다〉

더덕을 먹었다.
엄청 썼다.

먹다 보니 맛있어서
많이 먹었더니
아빠가 롤케이크를
건네주었다.

블루베리 롤케이크여서
엄청 달았다.

내가 너무 달아하니까
뭔지 모르는
음료수를 건네주었다.

엄청 달았다.

주제: 달다

〈추운 겨울에는 눈이 많이 와!〉

작년 겨울에는
눈이 조금 많이 왔다.

눈을 쌓아서
이글루도 만들고
미니 눈사람이랑
초대왕 눈사람도
만들었다.

우리 오빠는
벽을 아니 바위를 타려다가
쌓여있는 눈에 빠졌다.

올해도
눈이 많이 오면 좋겠다.

재밌는 일이
많이 일어나게!

주제: 춥다

〈내가 늦는 이유〉

나는
맨날 학교에 늦는다.

그래서 친구들한테
약간 미안하다.

나도 학교에
늦게 도착하고
싶은 건 아니다.

내 귀가 알람을
못 듣는 거지!

내 귀야,
제발 알람 좀 들어줘!

주제: 늦다

2. **글똥누기**를 모아모아 **책**을 만들다.

〈떡떡떡떡돌리기〉

 떡 돌리기를 했다. 자꾸만 떡이 먹고 싶다는 생각이 났다. 어떤 집에 갔더니 두유 아저씨가 있었다. 두유 아저씨가 두유를 주셨다. 엄청 귀여운 강아지도 보고 예쁜 고양이도 보고 아현이 신발이 빠지기도 하고 승우는 힘들다고 잠바를 깔고 앉기도 했다. 떡 돌리기를 할 때 착한 아저씨, 아주머니들이 많아서 좋았다.

주제: 새 학기 떡 돌리기

〈양보 좀〉

　오빠가 말도 안 되는 일에 양보를 하라고 했다. 내가 산 물건을 오빠에게 양보를 하라고 했다. 억울했다. 양보는 자기가 하고 싶은 걸 친구에게 네가 하라고 말해주는 게 양보인데… 오빠가 이해가 안 된다. 제발 오빠가 나에게도 양보를 좀 해줬으면 좋겠다.

주제: 양보란 무엇일까?

〈1학년 때는 시끄러웠지〉

  시끄러운 1학년. 옛날 1학년 때는 시끄러웠다. 그냥 남자 친구들은 다~ 시끄러웠다. 나는 밥을 맨~ 꼴찌로 먹었는데 여자 친구들이 이렇게 빨리 먹는지 몰랐다. 승우는 특히 빨리 먹기로 유명했다.

주제: 1학년 때 우리반은?

〈내가 생각하는 우리반〉

 우리반은 이제 시끄럽지 않고 즐겁고 행복하고 웃음 많고 예민하지 않고 말 잘 듣는 반이 되었으면 좋겠다. 그리고 장난 많이 안 치고 시간 잘 지키고 수업 시간에 방해하지 않는 반이 되면 좋겠다. 항상 1학년 때 지켜보면서 그렇게 생각했다.

주제: 2학년 때 우리반은?

〈물귀신의 산책〉

 산책을 갔다. 친구들이랑 도롱뇽 알을 보고 있는데 승우가 도롱뇽 알을 가지고 나오려다가 미끄러져서 물에 빠지고 도훈이도 승우 보고 따라서 들어갔다. 조금 가다가 물 있는 곳이 있어서 도훈이가 들어갔는데 상현이가 철푸덕 하면서 물에 팍 미끄러져 들어갔다. 너무 웃겼다. ㅋㅋㅋㅎㅎㅎ 너무 웃긴 산책이었다.

주제: 산책?

〈동아리는...〉

  동아리를 정했다. 음식 만들기 동아리하고 축구 동아리가 있었다. 나는 음식 만들기 동아리가 되었다. 집에서는 내가 요리하면 무조건 혼내서 요리를 못해서 기분이 너무 안 좋았다. 집에서 혼날 때는 너 또 이상한 거 만들지! 하면서 열심히 만든 요리를 뺏는다. 그때마다 속상했는데 이제 음식을 만드는 동아리가 생겨서 좋다.

주제: 동아리 시작

〈비밀이 아닌 비밀기지〉

 비밀기지를 만들었다. 비밀기지를 만들고 나서부터 나는 물귀신처럼 되었다. 지금은 벚꽃이 아직 안 피어서 거머리가 나오지 않는데 승우는 거머리에 물렸다고 한다. 도훈이는 배라면서 종이박스에서 날뛰고 출항시키라고 하면서 난리 치다가 종이박스가 가라앉았다. 거머리에 물리지 않게 조심해야겠다. 숲에서 재료를 가져올 때도 조심하고 논에 들어갈 때 뱀이나 거머리에 물리지 않게 커다란 스티로폼을 가지고 낚시를 해야겠다. 즐거운 비밀기지 활동이 되길 바란다.

주제: 비밀기지

〈감자하고 빵하고 햄〉

　지한이가 감자빵을 주었다. 감자빵에 무언가 들었다. 빵이 약간 딱딱한걸 보니 바삭바삭할 것 같다. 재료가 엄청 많이 들어갔다. 뭐가 들었냐면 오이, 햄, 옥수수가 들었다. 그냥 감자랑 빵 맛이다. 근데 맛있다. 엄마, 아빠랑 만들어 먹어야겠다.

주제: 지한이의 감자 샌드위치

〈안은영 작가님의 선물!〉

 기수 쌤이 말했다. 야! 빨리 해!! 친구들이 말했다. 야! 작가님 왔어! 달보드레님! 선물은 별 거 없었지만 작가님이 주는 선물이니 감사하게 받았다. 제일 마음에 드는 선물은 두 장 밖에 없는 개구리 사진이었다.

주제: 안은영 작가와의 만남

〈비비안〉

파충류 카페 비비안에 갔다. 뱀을 목에 걸어보았다. 어릴 때는 잘 걸어보았는데 오랜만에 걸어보아서 그런지 소름이 돋았다. 엄청 작은 둔 게코는 보들보들 기분이 좋았다. 고양이들에게 츄르를 주었더니 아쉬운지 족족 따라다녔다. 거북이는 집게에 풀을 쥐어주었더니 삭 무는 소리가 너무 좋았다. 친구들이 기수 나 이거 사줘. 기수 쌤은 그럴 때마다 안 돼라고 말하며 거절했다. 다들 아쉬운 얼굴이었다. 서점에서는 양서류나 파충류 책을 찾기 어려웠다. 결국 도마뱀이 좀 나오는 동물 퀴즈 백과를 기수 쌤이 사주었다. 나는 책을 많이 읽지 않아 책을 사준 것은 별로 고맙지 않았지만 간식으로 아이스 초코를 사주어 조금 나아진 것 같지만… 아직 까칠한 기수 쌤! 글똥누기는 제발 그만~ ^^

주제: 파충류 카페

〈벽화 그리기는 힘들어〉

 벽화 그리기를 했다. 옷에 많이 묻을 것 같았는데 많이 묻지 않았다. 붓이 너무 두꺼워서 다람쥐 눈을 처음에 너무 커다랗게 그려버렸다. 짜증이 났다. 다시 그렸는데 너무 작았다. 귀여웠는데 너~무 작았다. 친구들 그림 중에서 제일 작은 것 같았다. 갈아 입을 옷을 가져와서 다행이다. 왜냐하면 옷이 너~무 더러워져서... ^^...

주제: 벽화 그리기

〈가난한 사람은〉

  가난은 낡은 옷, 찢어진 소파, 무너질 지경인 판잣집. 고장 난 냉장고에는 작은 빵 한 개, 주변에는 잡초 가득. 아파도 약 없이 회복. 길에서 주워온 몽둥이로 빨래를 한다.

주제: 가난이란 무엇일까?

〈단오장에 갔는데〉

 단오제에 갔다. 아빠랑 세 번이나 갔다왔지만 재미있었다. 놀 시간이 없어 많이 놀지 못했다. 되게 아쉬웠다. 다음에 아빠랑 한 번 더 가야겠다. 기수가 아이스크림을 사주었다. 맛이 있었다. 한편 아현이의 아이스크림은 녹아내리고 있었다. 녹아내리고 있다고 말하니 그제서야 한 입 먹었다. 조금 더 놀고 싶었지만 시간이 없어 더 놀지 못했다. 기수가 아무 것도 타지도 못하게 하고 뭐 사지도 못하게 했다. 이상했다.

주제: 단오장

〈아홉 살 인생 끝!〉

  끝난 〈아홉 살 인생〉을 생각하니 토굴 할매가 생각난다. 왜냐하면… 나에게는 원래 왕 할머니가 있었다. 지금은 돌아가셨지만 토굴 할매를 보니 더 많이 생각나는 것 같다. 다시 볼 수는 없지만 거기서는 고통받지 않았으면 좋겠다. 토굴 할매도 우리 왕 할머니처럼 고통받으며 살았을 것이다. 늙은 노인들이 다시는 고통 받지 않는 세상이 될 수 있도록…

  나는 또 비오는 날이 생각난다. 왜냐하면 나는 어느 날 혼자 비 오는 날 비가 오지 않는 줄 알고 킥보드를 타러 나갔다. 그러다 갑자기 비가 와서 미끄러지는 바람에 넘어질 뻔했다. 역시 소설은 이해하기 어렵다.

  읽기 전에는 재미있을까? 어떤 캐릭터들이 있을까? 슬플까? 그림이 있을까? 흥미진진할까? 어떤 이야기들이 나올까? ㅎㅋㅎㅋ 읽고 있을 때는 에이 뭐야? 그림이 한 개도 없잖아! 이? 신기종은 또 누구야? 오~ 꽤 재밌는데? ㅎ푸하하 하하히히 답답해 아~ 다 읽은 후에는 아~ 이제 끝났네. 영화는 어떨까? 예고편 보니까 재미있을 것 같은데… 푸히히히 설마 표지까지 읽는 건 아니겠지?

주제: <아홉 살 인생> 끝

〈아홉 살 인생 영화는〉

　드디어 〈아홉 살 인생〉 영화를 봤다!!! 처음에 나오는 그림도 예뻤다. 맨~ 마지막에 여민이가 우림이한테 뽀뽀하는 거 뭔데~~~ㅋㅋㅋㅎ 완전 웃겨. 헤헤. 남이 허락 안 했는데 뽀뽀하면 범죄인데... 아~ 여민이 회초리 진짜 아프겠다. 옛날에 아빠 진짜 아팠겠네~ 올~ 여민이 진짜 수영 잘하네~ 아프겠다~ 옛날에는 왜 저런 거야~ (책) 아~ 지루해... 그래도 영화 빨리 봐야지... 언제 끝나~ 아~ 오! 꽤 재밌네~ 그림이 안 나와서 무슨 장면인지 모르겠네~ (영화) 아~ ㅋㅋ 진짜 재밌네~ 아 근데 왜 토굴할매는 왜 안 나오는거야~

주제: 영화 〈아홉 살 인생〉

〈생존수영을 하면〉

　생존수영을 했다. 탈의하고 씻고 수영장으로 갔다. 들어가보니 발이 수영장 바닥에 닿았다. ㅋㅋ 교감 선생님이 내가 물개 같다고 했다. 히히 수영은 잘 못한다. ㅋ 그런데 왜 물개 같다고 했냐면... 잠수를 잘 해서다. 놀 때 잠수해서 애들이 뿌리는 물을 피해 놀았다. 내가 3학년이 되면 더 많이 하겠지?

주제: 생존수영

〈여름방학〉

　　여름방학이라... 너무 재밌는, 너무 좋은 필리핀 여행! 맨 마지막 날에는 극한체험! 재미있었다. 동굴 수영도 하고 건강식도 먹고 해외여행도 하고 맛있는 음식도 먹었다. 워낙 방학이 짧아 겨울방학보다 여름방학이 더 길어지면 좋겠다.

　　개학식을 했다. 다시 돌아온 2학기... 방학이 정말로 재미있었다. 겨울방학에도 재미있게 놀아야지! 겨울방학이 끝나면... 3학년이 된다. 3학년 때도 재밌게 놀자, 얘들아!

주제: 여름방학의 일

〈시험은 지루해〉

  지난번에도 시험을 보고 오늘도 시험을 봤다. 그것도 소식 없이. 기수는 아무 것도 안 알려준다. 수학도 안 알려주는 수학, 뭘 언제 하는지도 안 알려준다. 시험을 보기 전, 에? 갑자기? 왜? 일단 봐야지~ 근데 꼭 봐야하나? 하기 싫다~ 시험 보면서는 옷! 꽤 쉽네? 아니다, 이건 어렵다... 시험 다 보고 나서는 아~ 다 봤다. 드디어! 이거 왠지... 불길한데... 왠지 다음에도 시험 볼 것 같은데... 아이~ 설마 다음에 또 보겠어? 아니 설마... 시험 또 보는거야???? 싫다...

주제: 갑자기 시험

〈영화 촬영 하루 전〉

 야호! 드디어 영화 촬영 전 날이다. 기대되고 신나고 좋다. 태웅이랑 소연이는 어떤 성격일지도 궁금하고 영화 촬영은 어떻게 하는지도 궁금하고 또 어떻게 생긴 배우분들이 오실지도 궁금하다. 어떤 감독님들이 오실지도 궁금하고 또... 어떤 옷을 입고 오지? 음... 항상 입고 오는걸 입고 와야지~ + 카디건까지~

 어떤 영화 촬영이 될까? 어떤 영화가 될까? 힘들어도 영화 촬영 파이팅이다!

주제: <굴러가는 태웅이> 촬영 하루 전

〈영화 촬영〉

　영화 촬영 첫 번째 날! 드디어 영화 촬영을 했다. 몇 분 뒤... 햄버거를 먹었다. 너~~~무 컸다. 다 못 먹었다. 햄버거를 먹고 영화 촬영은 엔쥐 또 엔쥐 또또또또 엔쥐! 너~무 힘든 영화 촬영이었다. 드디어 집에 간다! 내일 또 영화 촬영을 해야 한다니~ 살려주세요~ 영화 촬영 하기 싫어~ 내일 너무 덥단 말이야~

　두 번째 날! 오전에 너~~~무 더웠다. 살려주세요! 너무 더워! 드디어 쉬! 는! 시! 간! 드디어 살았다! 간식도 먹고 재밌게 놀다가 또 영화 촬영... ㅠㅠ 영화 촬영하기 싫어~ 더워~ 찜찜해~ 땀나~ 집에 가고 싶어~ ㅠㅠ 힘들고 덥고 모기도 많고 다리에 알도 뱄단 말이야~

주제: <굴러가는 태웅이> 촬영

〈첫 번째 영상수업〉

 영상 선생님들이 패드로 동영상 찍는 법을 알려주셨다. 엄청 쉬웠다. 나는 도훈이를 찍었다. 〈굴러가는 태웅이〉 영화를 응원하는 영상을 찍었다. 우리팀 세 명 모두 촬영을 끝냈다. 우리 팀은 도훈이, 나, 현태다. 모두 촬영을 마치고 돌아왔다. 영상 선생님들이 편집하는 법을 알려주셨다. 생각보다 쉬웠다. 영상을 완성했다. 우리가 만든 영상은 한솔 감독님한테 보내준다고 한다. 어떤 반응을 보일까 궁금하다. 다음엔 어떤 수업을 할까나?

 (촬영 전) 아이패드? 뭐지, 왜 패드지? 음~ 아~ 잉? 역시 어렵다. 그래도 핸드폰이랑 비슷하다. 그냥 큰 핸드폰 같이 생겼다.

 (촬영 중) 촬영 중이다. 패드가 무겁다. 아~ 언제 끝나지? 그래도 재밌다. 이제 힘들다. 그만하고 싶다. 응? 애들이 오고 있잖아? 빨리 해야지!

 (촬영 후) 아~ 드디어 끝났다. 아? 뭐? 또 편집해야 된다고? 안돼~ 힘들어~ 우앵~ 나 그만할래!

주제: 첫 영상수업

〈송편은 맛있기도 하고 맛없기도 해〉

　송편을 만들었다. 밤도 넣고 설탕이랑 깨도 넣었다. 초초초초미니 송편도 만들고 꽃 모양 송편도 만들고 기본 송편도 빚었다. 송편이 쪄지고 있다. 김이 폴폴 난다. 우와~ 맛있겠다~ 빨리 먹고 싶다. 송편이 다 쪄졌다. 어르신들 송편을 덜어 노인회관으로 가서 어르신들에게 나눠드렸다. 어르신들 드린 건데 우리들 입에 하나씩 넣어주셨다. 나는 안 먹고 내 친구들이랑 1학년이 먹었다. 돌아오는 길에 내가 냄비를 들었다. 아현이랑 키 차이가 조금 많이 나서 불편했다. 그래서 도훈이 우산을 빌려 어깨로 썼다. 돌아오는 길에 힘이 빠져서 이렇게 말했다. 살려줘~ 살려줘~ 돌아오고 나니까 힘이 완전히 빠지고 배고파서 바로 누웠다. 집에 가면 할머니랑 또 송편을 빚어야 된다.

　(밤송편 맛) 그닥 맛있지도 않고 이상한 맛이다. 무슨 맛인지 모르겠다. 우~ 아무 맛이 아닌 것 같은 맛? 암튼 먹기 싫은 맛이다.
　(설탕깨 송편 맛) 너~~~~~~~~무 맛있다. 어느 날이든 먹고 싶은 맛. 고소하고 달콤하다!! 아무튼 너~~~무 맛있었다. 집에서 또 만들어 먹고 싶다.

주제: 송편 빚기

〈부끄러운 영상 보기〉

  내가 나온 영상을 봤다. 친구들이 다 같이 봐서 부끄러웠다. 〈굴러가는 태웅이〉 영화 릴레이 응원 영상이었다. 나는 내가 나온 영상을 볼 때 부끄러워서 고개를 숙였는데 내 친구들도 부끄러웠을까? 궁금하다. 아주~ 아주 궁금하다!! 다음에 물어봐야겠다. 하라가 진짜 좋아하는 아이스크림은 무엇일까? 영상에서는 옆에서 요아정이라고도 하고 뽕따라고도 말했는데 진짜일까?

주제: 내가 찍은 영상 보기

〈추석 연휴에는〉

 추석 연휴다. 뭐 할지 몰라 그냥 집에서 뒹굴었다. 그러다가… 벌써 하루가 지났다. 그리고…노브랜드 가고 마트 가고 솔향수목원에 가고 반복했다. 더 이상 놀러 갈 곳이 없었다. 그래서 그냥 집에서 뒹굴었다. 계~~~속 뒹굴었다. 밥 먹고 뒹굴고 밥 먹고 뒹굴고 그걸 반복하다 보니 벌써 학교에 와있다.

주제: 추석

〈안녕, 암컷 오골계〉

  암컷 오골계가 사라졌다. 손이 흙투성이가 될 때까지 찾았는데 찾지 못했다. 암컷 닭이 사라진 걸 수컷 닭들은 알고 있는지 자꾸만 울어댄다. 닭들도 슬픈 건지 자꾸만 울고 운다. 꼭꼬고꼬~ 꼭꼬고~ 닭들이 우는 사이 비는 더더욱 많이 온다.

주제: 사라진 오골계

〈벼벼벼〉

　길고 긴 여름이 지나고 벌써 가을이 됐다. 벼는 누렇게 익었다. 그런데 벼는 누렇게 익은 걸까? 아니면 초록색으로 익은 걸까? 정말 정말 궁금하다. 겉으로 보면 초록색인데 정말 누렇게 익은 걸까?

　벼 베는 차에서 먼지 같은 게 나온다. 저게 뭘까? 옆에 보이는 하얀 트럭에 엄~~청 큰 봉투가 있다. 저게 뭘까?

　벼 베는 차에 코끼리 코 같은 게 달려있다. 저건 또 뭘까? 엄청 길고 앞에 고무봉투 같은 게 달려 있다. 저건 도대체 어디에 쓰는 걸까?

주제: 벼 베기

〈모나리자 차혜경 쌤〉

  운산백 21을 했다. 차혜경 쌤 나이가 29세인데 21을 해야 해서 8년 전으로 했다. 지민이가 8년 전 혜경 쌤을 그리기 시작했다. 중간에 머리카락을 봤더니 처녀귀신이 되어버렸다. 지민이가 그리고 있는 그림은 어떤 완성품이 될까 생각하고 있다가 완성품을 봤는데... 모나리자가 되어있었다. 나는 입이 떠억하고 벌어져서 입술이 안 붙었다. 내 그림이랑 지민이 모나리자랑 투표를 해서 모나리자가 결정됐다. 내가 하지 말라고 싹싹 빌었다. 결국 내가 그린 그림으로 했다. 지민이가 그린 그림은 차혜경 쌤이 가져갔다. 왜 가져갔는지 모르겠는데 엄청 못생겼다.

주제: 운산100 시작

〈왔다 갔다 운동장 길이 재기〉

  기수가 미션을 주었다. 처음에는 쉬운 미션을 주다가 운동장 길이 재기를! 했다! 행정실에서 500cm 줄자를 빌려서 해도 다 못 쟀다. 결국 점심시간이 되고 너무 배고파서 조금 하다가 밥을 먹었다. 밥을 먹다가 미희 쌤이 좋은 아이템을 주었다. 그건 바로 엄~청 긴 테이프였다. 빨간색이고 중간, 중간에 하얀색 줄이 있는 테이프였다. 그거라면 할 수 있을 것 같아 처음부터 또 하고 또 하고 또 했다. 하지만 잘 안 되어서 테이프를 잘라서 했다. 100cm와 940cm로 잘랐다. 시간이 지나고 1m는 40m로 쟀고, 9.4m는... 까먹었다. 하지만 결국 1m 팀이 잰 40m가 가장 비슷했다. 진짜 길이는 39m였다.

주제: 운동장 길이 재기

〈아홉 살 기수는 못생겼어〉

　○○○ 기수를 봤다. 아무리 어려도 ○○○다. 진짜 진짜 ○○○다. 진짜 ○○○다. 지금 기수도 ○○○는데 어린 기수도 ○○○다. 아... 옷은 ○○○다. 기수 어머니 되시는 분은 얼굴이 엄청 하얗다. 화장을 하셨나보다. 아... 기수 눈이... 여우 같다. 눈썹도 ○○○다. 역시 기수는 어릴 때부터 ○○○○○보다. ㅋㅋ

주제: 아홉 살 기수

〈복사꽃 마을에〉

 벼 베기를 했다. 한 명당 두 번씩 벴다. 벼 줄기가 질겨서 좀 베기 어려웠다. 어렵기만 한 건 아니었다. 조금 재밌기도 하고 내 차례가 되자 조금 신나기도 했다. 그런데 다음에는 너무 힘들어서 안 오고 싶다.

 배를 땄다. 배가 쓰레기 봉투 같은 곳 안에 들어있었다. 겉은 쓰레기 봉투같이 생겼는데 안에는 진짜 진짜 달고 맛있는 배가 들어있었다. 돌아와 배를 보니 배 하나가 하얗다.

주제: 복사꽃 마을

〈첫 번째 자전거〉

 이제그반의 첫 번째 자전거 타기지만 나, 승우, 지우, 상현이는 빼고 첫 번째입니다.

 기수가 이제그반 모두 자전거를 탈 줄 알게 되면 닭강정을 사준다고 했다. 그래서 5교시 때 자전거를 연습하기로 했다. 아현이에게 자전거를 조금 아니 기초만 알려주었다. 왜냐하면 알려주기 어려웠다. 나는 첫 번째로 높은 자전거를 탔다. 낮은 자전거보다 훨씬 편했다. 그렇지만 발이 바닥에 안 닿았다.

주제: 자전거 타기(1)

〈내가 바라는 우리나라〉

　내가 바라는 우리나라는 모두 건강한 나라입니다. 왜냐하면 건강해지면 행복해지고 행복해지면 건강해지기 때문입니다. 다음으로 건강에 좋지 않은 것을 만들지 않는 나라입니다. 사람이 건강하려면 건강에 좋지 않은 음식이나 물건을 먹거나 사용하면 안 되니까요. 다음으로 바라는 나라는 살인을 하지 않는 나라입니다. 살인을 하면 사람이 적어지고 사형을 당할 수 있습니다. 살인을 하면 한 명이 죽고 살인을 한 사람도 사형으로 죽으면 대한민국에 사람이 적어지기 때문입니다. 이제 내가 바라는 우리나라는 없습니다.

주제: 나는 우리나라가

〈자전거를〉

 이제 지한이도 자전거를 타기 시작했다. 현태랑 하라, 도훈이만 타면 된다. 셋은 중공이다. 중공은 성공의 반이다. 이제 조금만 더 연습하면 탈 수 있겠지? 모두가 자전거를 탈 수 있게 되면 뭘 먹을까 고민이다. 근데 기수는 이제그반을 왜 이렇게 괴롭히는 걸까? 이제그반이 모두 자전거를 탈 수 있게 되면 자전거로 돌격해야겠다.

주제: 자전거 타기(2)

〈해양과학관〉

   울진 해양과학관에 다녀왔다. 울진에 갈 때 현태랑 같이 앉아서 때릴까 봐 무서웠다. 울진 해양과학관에서 바닷물, 간장, 혈액, 빗물의 염도를 알아보았다. 간장이 제일 짜고 바닷물이 두 번째, 혈액이 세 번째, 빗물이 네 번째다. 빗물은 사실 염도가 0이다. 전망대에도 갔다. 그런데 물에 있는 전망대였다. 중간에 버스를 타고 밥을 먹으러 갔다. 내 메뉴는 우동이었다. 중국식 우동이라 그런지 해물이 많이 들어가 있었다. 맛이 없었다. 강릉으로 돌아가기 전에는 40분이라는 자유시간이 있었다. 너무 너무 너무 너무 좋았다. 돌아가는 길에 지우랑 앉았다. 거의 다 왔을 때 춥고 어지럽고 몸이 이상했다. 몸 속에서 뭔가 썩는 느낌이 들었다. 집에 가서 열을 재보니 38도였다. 왜 열이 났는지는 잘 모르겠다. 암튼 재미있었다.

주제: 울진 해양과학관

〈자전거를 못 타?〉

 공사를 한다. 자전거를 못 탄다. 자전거를 타고 싶다. 자전거 탈 곳이 운동장 밖에 없는데 ㅠㅠ 그렇게 자전거 프로젝트는 실패하고 말았다. 나 이제 자전거 어디서 타지? 억울하다. 끄아아악 히이잉. 자전거 타고 싶다. 속상하다. 자전거 못 타서 나 어떡하지? 빨리 자전거를 사야겠다. 집에서라도 타고 싶으니까.

주제: 자전거 타기(3)

〈4잎클로버〉

 4잎클로버를 발견했다. 2쁘다. 코팅지에도 코팅해서 가져야지. 2런! 3잎클로버였잖아! 히2잉 아쉽다. 5! 2번에는 진짜 4잎클로버다. 2건 진짜 4잎클로버겠지? 아, 2번에는 2잎클로버다. 바람 때문에 1잎2 날아갔나보다. 히2잉 4잎클로버 그만 찾아야겠다. 힘들다. 어? 진짜 4잎클로버다! 드디어 찾았다. 4잎클로버!'

주제: 1부터 5

〈88 끓는 냄비에〉

  88 끓는 냄비에 6개장을 넣고 파도 넣고 끓인다. 아! 맞다! 7면조 다리도 9워 둬야지! 6개장에 7즈 하나 올리고 7면조 다리랑 먹어야지. 음~ 뭔가 부족해! 6개장 하나 더 끓이고 이번에는 체다7즈랑 모짜렐라 7즈! 아~ 냄비가 안 끓었네! 아주 88 끓어야 하는데. 아! 6개장 말고 짜8게티 끓여먹어야겠다. 6개장은 매워서 입2 따가우니까.

주제: 6부터 10

〈기대되지 않는 축구 보기 하루 전〉

 그닥 기대되지는 않지만 내일 축구를 본다. 그나마 기대되는 건... 간식! 엄~청 많이 살 거다. 우리 아빠 카드에는 3천만 원이 있으니까~ 엄청 많이 살 수 있겠지? 이제 간식 이야기는 그만하고. 나는 축구를 보다가 졸 것 같다. 축구 보는 시간이 2시간이나 되니까. 이번 축구 보는 시간은 최악이 될 것 같다. 나는 축구가 싫기 때문이다! 나는 축구란 축구는 다 싫어!!! 싫은 것만은 아닌 것 같다. 나는 축구하는 게 싫은 거지 보는 게 싫은 건 아니니까!

주제: 축구 보기 하루 전

〈간식 즐기러 축구경기장으로〉

 종합운동장에서 축구를 보았다. 생각보다 재밌지 않았지만 그래도 열심히 하니까 응원해 주었다! 승우가 응원 메시지를 너무 위로 들어서 안 보이기도 하고 한때는 멍도 때렸다. 그렇게 시간을 보내다 보니 쉬는 시간이 되었다. 쉬는 시간에 아현이랑 폴라포 포도맛을 사먹었다. 후반전에 강원FC가 한 골을 넣었다. 사람들이 다 일어나고 박수도 엄청 쳤다. 그렇게 기쁘지도 않고 그렇게 나쁘지도 않은 기분이지만 여기에는 기쁘다고 해둔다. 와, 이렇게 이길지는 몰랐는데 강원FC가 1 대 0으로 이겼다. 중간중간에 기수를 때리고 발로 차서 집중을 못 하게 만들었다. ㅋㅋ 사실 한 마디로 말하자면 그렇게 재미없었다.

주제: 축구 본 날

〈대청소는 힘들어〉

 쓰레기 통 속 먼지 지옥에 다녀왔다. 먼지가 엄청 심했다. 눈도 엄청 아프고 콧물도 엄청 났다. 내가 먹은 알로에 주스병이 나오기도 하고 지우의 핀이 나오기도 했다. 역시 그냥 지옥보다 먼지 지옥이 더 싫다. 눈이 엄청 아프고 콧물도 엄청 나서 세수를 100번이고 더 하고 싶었다. 지금 눈이 너무 너무 너무 아프다. 이 비염 증상 언제 사라지는 거지? 너무 힘들어. ㅠㅠ

주제: 쓰레기 대청소

〈기수와 우리의 과거 영상〉

 기수와 우리가 나오는 영상을 봤다. 기수랑 우리의 과거 영상이었다. 도대체 언제 다 찍은 거야? 기수!? 우리가 뭘 하든 찍는 기수. 기수가 인터뷰를 했다. 역시 기수는 영상으로 봐도 못생겼다. 우우우~ 기수는 우리가 어떤 아이들인지 설명했다. 그것도 웃으면서. 옛날에 계속 보여달라고 했던 상현이의 '철푸덕' 영상, 승우의 '난 모르겠다 입수!' 영상, 10월 26일에 봤던 축구 응원 영상. 우리가 했던 일들이 영상에 엄~청 많이 나왔다. 그런데 기수 인터뷰는 언제 찍은 거야?

주제: 학끼오TV

〈작별하지 않는다〉

주인공 1: 우리는…
주인공 2: 작별하지 않아요.
주인공 1: 영원한 땅과 바다니까요.
주인공 2: 우리는 사람이 아니고
주인공 1: 땅과 바다예요. 그래서
주인공 2: 작별하지 않는다. 절대로

   표지를 보고 땅과 바다가 생각났다. 땅과 바다는 떨어지지 않아서 이렇게 썼다. 땅과 바다가 떨어질 이유는 없다.

〈채식주의자〉

주인공: 나는 채식주의자입니다. 풀이란 풀은 다 먹습니다. 꽃도요.
친구1: 나는 채식주의자랑은 친구 안 해! 흥!
주인공: 나는 외롭습니다. 채식주의자와 아무도 친구를 해 주지 않으니...
친구2: 그렇구나.
친구3: 이상해!
친구4: 절교야!
주인공: 이렇게 난 혼자가 되었습니다. 역시 나랑 친구하고 싶은 사람은 없나봐요.
친구5: 나랑... 친구할래?
주인공: 어? ... 고마워, 친구해 줘서

  나도 채식주의자랑은 친구하기 싫고 표지에 시든 꽃이 혼자 남은 채식주의자 같아서 이렇게 생각했다. 요즘에도 채식주의자가 있나?

주제: 한강 작가 책 두 권을 골라 내용 상상하기

〈마라톤 날〉

  토요일에 마라톤을 했다. 뛰다 보니 팀이 생겼다. 우리 팀은 아현이, 하라, 나, 하라 아빠로 되어있었다. 뛰다가 뒤를 보니 어디 갔나 했던 아빠와 지우가 뛰어오고 있었다. 잡힐까 봐 팀에서 전력으로 뛰었는데 그냥 걸어오고 있었다. 완주했더니 현태가 전교 1등을 했단다. 현태가 아무리 빨라도 전교 1등? 말도 안 돼! 우리팀 최고 기록은 47분 44초다. 한 시간 안에 완주를 성공했다.

주제: 운산 마라톤

〈친구는 이런 존재〉

 나에게 친구라는 건 심심할 때 놀 수 있고 슬플 때는 기댈 수 있는 정말 소중한 존재입니다. 조금 통통한 친구도 있고 굉장히 사교적인 친구도 있고 정말 다양한 친구들이 많습니다. 그중에 가장 친한 친구는 피아노 친구 최세빈입니다. 사교적이고 친절하며 가끔은 간식도 챙겨줍니다. 우리반 친구는 아니지만 나에게는 소중한 친구입니다. 오늘은 세빈이를 만나는 날이고 피아노 학원에 가는 날입니다. 나에게는 가장 소중한 날, 그게 바로 오늘입니다. 나에게 세상에서 가장 기쁜 날, 가장 행복한 시간 그게 오늘 그 시간입니다.

주제: 친구란 무엇일까?

〈짚신〉

　할아버지들과 짚신을 만들었다. 어렵고 힘들었다. 짚신까지 만들지는 못했지만 새끼꼬기 하는건 조금 더 쉬웠다. 잘 만들지 못해 약간 민망했지만 할아버지들이 잘했다고 칭찬해 주셨다. 그렇게 잘한 것 같지는 않지만 칭찬해 주신 할아버지들께 감사했다. 히히. 할아버지들의 나이는 88세, 95세, 94세, 94세 이렇게 총 4명이다. 몇 명 안 오실 줄 알았는데 기대했던 것보다 더 많이 오셨다. 다섯 명인가? 4명인지 5명인지 모르겠지만 모든 할아버지들 고생하셨고 도와주셔서 감사합니다!

주제: 짚신 만들기

〈기수 없다!〉

　기수가 말했다. "다음 주 월요일부터 2주 동안 나 없어" 친구들이 신나했다. "나도 신난다!" 저 나쁜 기수가 없으니 너무 좋다. 기수가 없다니!! 나이스~ 기수 없다~ 신난다! 저 까칠한 기수가 없다니 ㅋㅋㅋ 상상만 해도 지옥에서 천국으로 날아가는 기분~ ㅋㅋ 히히 잘 가라! 이 기수 녀석! 야 김기수, 볼 일 못 보고 와라, 우린 천국으로 가 있을 테니!

주제: 기수가 사라진다

〈2번째 짚신〉

　새끼꼬기를 했다. 저번에 했던 것보다 조금 쉽게 느껴졌다. 역시 배우니까 다르다. 이번에 만든 건 저번에 만든 것보다 길다. 그래서 더 예쁘다. 다음에도 열심히 만들면 더 길게 예쁘게 만들 수 있겠지? 히힛! 저번에 못했던 친구들도 조금씩 성공했다. 다음이 마지막인 게 아쉽다. 다른 것도 배우고 싶은데ㅠㅠ 다음에 또 배울 수 있는 기회가 찾아오면 좋겠다. 다음에는 짚신까지 만들어보고 싶다. 할아버지들 감사합니다! 다음에 또 만날 수 있기를 바라요!

주제: 두 번째 짚신 만들기

〈힘들어, 이제 그만할래! 짚신 만들기〉

  짚신을 만들려고 새끼꼬기를 했다. 이번이 마지막이어서 아쉬웠다. 다음에 또 할 수 있으면 좋겠다. 할아버지들이 하는 말이 무슨 말인지 모르겠다. ㅠㅠ 이가 별로 없으셔서 그런가 보다. 앗! 할아버지들 죄송합니다. ㅠㅠ 할아버지들 다음에 또 만나요! 새끼꼬기 다음에 또 가르쳐 주세요! 다음에 또 오시길 기다릴게요!

주제: 세 번째 짚신 만들기

〈기수 기수 김기수〉

   김기수 쌤 좋아하기도 하고 싫어하기도 해요. 그동안 이상하게 굴어서 죄송합니다. 다시 오면 다시는 이상하게 안 굴게요. 푸흐흠. 기수 쌤으로 3행시를 해 볼게요.

   김 김기수 쌤은
   기 기린 같이 키가 크고...요
   수 수다날에 밥도 남겨요.

   김기수 쌤 보고 싶어요. 빨리 와요.라고 할 줄 알았나요? ㅋㅋㅋ

주제: 기수 없는 이제그반

〈영상 수업이 마지막인 게 아쉬워〉

　영상수업이 벌써 마지막이다. 편집하고 만들고 뮤직비디오도 제작해서 시간 가는 줄 몰랐다. 열심히 했는데 이렇게 시간이 빨리 지나갈 줄이야. 어제까지만 해도 첫 번째로 만난 것 같은데 너무 아쉽다. 민아 선생님도 중섭 선생님도 보고 싶을 거예요. 다음에 또 볼 수 있으면 좋겠어요. 오늘까지 열심히 수업해 주셔서 감사하고 항상 친절히 대해주셔서 고맙습니다. 제가 매번 늦긴 했지만요! ㅎㅎ 아! 오늘은 안 늦었다는 것! ㅎㅎ 영상수업 다음에 또 하고 싶어요!

　마지막이어서 상영회도 했다. 상영회를 보니 우리가 열심히 하기도 하고 즐거웠고 민아 선생님과 중섭 선생님이 항상 웃고 계시는 모습이 많았다는 걸 깨달았어요. 친구들도 즐겁게 수업하기도 했다는 것도요. 감사합니다!

주제: 마지막 영상수업

〈꿈자람 발표회 전〉

  꿈자람 발표회 시작 전에 리허설을 했다. 너무 피곤했다. 역시 시작 전은 피곤해! 지금도 눈이 꿈벅 푸르르. 어떡하지? 아빠가 오면 보여줘야 하는데. 공연을 하다가 잠들어버리면 어쩌지? 걱정된다. 도롱뇽 연극을 실패하지 않으면 좋겠다. 엄마, 아빠들이 오는 자리니까! 연습도 열심히 했는데 실패할 수는 없지!

  도: 도롱뇽 연극을 하다가
  롱: 롱~하고 길게 늘어졌다.
  뇽: 뇽뇽뇽ㅠㅠㅠ

주제: 꿈자람 발표회 리허설

〈꿈자람 발표회 다 했다〉

  꿈자람 발표회를 했다. 모찌송을 할 때 실수가 조금 있었지만 아빠는 잘했다고 칭찬해 줬다. 드디어 도롱뇽 연극을 했다. 실수 없이 마무리했다. 다행이다. 내년 꿈자람 발표회에서는 코기송을 불러야지! 부모님들이 밴드를 했다. 너무 신기하고 재밌었다. 도훈이 엄마가 노래를 부르다가 초콜릿도 뿌렸다. 부모님들 감사합니다! 꿈자람 발표회가 끝나고 교실로 갔다. 승우, 지우가 부모님께 받은 마카롱 꽃다발에서 마카롱을 빼서 나누어줬다. 학교에서 주는 간식도 있었다.

주제: 꿈자람 발표회

〈자전거 자전거〉

 자전거를 탔다. 중간놀이 시간에 탈 때는 많이 추웠는데 5교시에 타니 별로 안 추웠다. 기수랑 자전거 술래잡기를 했다. 기수는 자전거가 못 올라가는 높은 곳으로 올라갔다. 이 나쁜 녀석! 너무해! 글쓰기도 시키고! 자전거 타고 싶은데! 기수는 세상에서 제일 나쁜 사람!

주제: 자전거 타기(4)

〈이안 작가님〉

  이안 작가님을 만났다. 처음에 계속 화면을 봤더니 피곤했다. 쿠우울 쿠우울. 당장이라도 잘 것처럼. 화면을 보는 수업이 끝나고 이안 작가님이 퀴즈를 냈다. 맞히면 끝나고 선물을 준다고 해서 맞히려고 노력했더니 맞혔다. 선물이 고무줄이란다. ㅠㅠ 그래도 사인은 만족!

주제: 이안 작가와의 만남

〈김밥 관찰〉

   초겨울이 오자 지한이가 김밥을 사 왔다. 지금 당장 냠냠뇸뇸 씹어 먹으려고 했지만 글쓰기를 하란다. ㅠㅠㅠㅠ 빨리 쓰고 김밥을 먹으려고 했다. 자세히 보니 김밥이 알록달록하다. 밥알이 약간 납작하기도 하고 옆에 귤이 있다. 왜 있지? 김밥에 귤이 닿았다. 이상한 게 묻으면 안 되는데. 글쓰기 다 했으니 김밥 먹어야지!

주제: 지한이의 김밥

〈스케이트장〉

 스케이트장에 갔다. 갈 때도 올 때도 도훈이랑 짝이었다. 드디어 도착했다. 스케이트장 선생님이 걸어가는 법과 밀고 가는 법을 가르쳐 주시고 넘어지는 법과 일어나는 법도 가르쳐 주셨다. 스케이트를 타는데 넘어져서 못 일어나니까 선생님이 답답해하셨다. 오랜만에 타서 그런 건데... 이제 슬슬 타기 시작했다. 꽤 잘 탔다. 넘어지면 잘 못 일어나니까 조심조심 타다가 민은경 쌤을 만났다. 처음 만났을 때 누군지 몰랐다. 학교로 가야하는데 코피가 났다. 휴지로 막고 학교에 왔다. 정말 재밌었다. 아빠랑 한 번 더 가야지. 김기수 다음에는 못 탄다고 하지마라!

주제: 아이스 스케이트

〈얼음 얼음 꽁꽁꽁〉

 산책을 갔다. 고드름을 맛있게 먹고 있는 친구들을 발견했다. 혹시 맛있을까 싶어 먹어보았더니… 진~짜 맛있었다! 철봉에 고드름, 난간에 고드름. 조금 더 가보니 꽁꽁 얼어버린 논이 보였다. 누가 얼음을 깨서 논에 던졌다. 너무 재밌어 보여 나도 해봤더니… 쨍그랑! 소리가 너무 좋았다. 얼음을 던지다가 엉덩이가 흙 범벅! 가방도 흙 범벅! 게다가 핫팩까지 흙 범벅! 그래도 재밌었다. 계속하다 보니 흙투성이가 되었지만 추억을 쌓았다. 학교로 가는 길에 우리가 깨뜨린 얼음이 예술작품 같았다. 학교에 오니 꽝꽝 얼어버린 모자를 친구들이 주었다. 옷도 젖었는데 모자까지 젖다니!

주제: 얼음 산책

〈구구콘인가? 구구단인가?〉

 기수가 구구콘을 사 왔다. 왜 사 왔냐고? 우리가 구구단을 다 외웠기 때문이다. 구구콘이 좀 녹아 기수가 냉장고에 넣어놨다. 밴드에서 글을 읽고 먹잔다. 밴드를 다 읽고 먹던 중... 기수가 구구단을 하란다. 야! 구구단을 하면서 구구콘을 먹는 친구들. 나는 조금 늦게 끝나고 글쓰기를 하고 있다. 구구콘을 다 먹고 하리보를 먹다가 물통에 빠트렸다. 하리보 다시 생겨라! 제발 제발 제발!

주제: 구구단 아니면 구구콘으로 시 쓰기

〈나눔장터에는〉

  정신없을 걸 대비해서 어제부터 팔 물건을 준비해뒀다. 드디어 나눔장터를 시작했다. 쉬는 시간에 세팅을 했다. 조금 기다리다 보니 손님이 왔다. 예약을 한단다. 손님이 피규어를 사 갔다. 공기청정기, 흰둥이 인형 다 팔렸다. 8천 원에서 만 이천 원으로 늘어났다. 언제 다 쓰지? 조금씩 조금씩 쓰다 보면 다 쓰겠지? 이제 3백 원 남아서 군것질 좀 했다. 트리 장식이 있어서 다 샀다. 백 원이 남아서 스티커를 샀다. 이제 다 썼다. 히히. 너무 재미있었다.

주제: 나눔장터

〈운산백의 끝이 온다〉

  마지막 운산100이다. 검토도 하고 글씨도 쓰고 지금은 글쓰기를 하고 있다. 이것만 하면 운산100 끝! 제발 좀 빨리 끝나면 좋겠다. 이것만 하면 난 해방이니까! 아까는 청소도 하고 검토도 하고 글쓰기도 했다. 다음에 또 기회가 있다면 하고 싶다(의 반대!). 난 이제 해방이야! 운산100에서 말이야! 책 제목은 운산 100과사전이다!

주제: 마지막 운산100

〈크리스마스 이브에는〉

 크리스마스 이브다! 체험학습을 갔다. 바로 다이소! 마니또에게 줄 선물을 샀다. 나는 딸기우유 젤리랑 아기 돌고래 인형을 샀다. 또 뭘 샀더라? 다음에는 인생 아니 강릉네컷에서 사진을 찍었다. 처음에는 상현이가 뒤로 밀려나서 입만 나왔다. 너무 웃겼다. 강릉네컷에서 사진을 찍고 현태네 만두가게에서 찐빵을 먹었다. 버스를 타러 가다가 명준이가 길가에서 어묵 먹는 걸 발견했다. 먹고 싶다고 먹고 싶다고 기수한테 조르니 기수가 어묵을 하나씩 사줬다. 국물을 먹고 어묵도 먹다 보니 국물이 또 먹고 싶어졌다. 국물을 또 받아서 먹기로 결정했다. 또 받아서 먹다 보니 시간이 다 됐다. 국물을 빨리 먹다보니 혀를 데었다.

주제: 크리스마스 이브와 마니또 선물

〈위기철 작가님 환영해요!〉

  드디어 위기철 작가님을 만났다. 위기철 작가님이 약속 시간보다 빨리 왔다. 그래서 바로 교실로 안내해 드렸다. 위기철 작가님과 같이 교실에서 이야기를 나누다 보니 쉬는시간이 다 갔다. 위기철 작가님과 수업을 시작했다. 아까도 봤지만 위기철 작가님은 꽤 나이가 많아 보이셨다. 처음에는 질문을 했다. 나도 하려고 했는데 질문이 너무 많아서 하지 못했다. 〈초록 고양이〉라는 책도 읽었다. 다 못 읽어서 아쉽지만 교실에 있는 〈초록 고양이〉 책을 읽으면 되니까 괜찮다. 위기철 작가님이 〈아홉 살 인생〉, 〈초록 고양이〉 문제를 냈다. 정답을 맞히면 책 선물을 준단다. 다 똑같은 책이 아니었다. 나는 〈초록 고양이〉를 가지고 싶었지만 아현이가 문제를 맞혀 〈초록 고양이〉를 가지게 되었다. 나는 〈쿨쿨 할아버지 잠 깬 날〉이라는 책! 급식도 같이 먹었다. 위기철 작가님이 또 오면 좋겠다.

주제: 위기철 작가와의 만남

〈자전거 시험을 보자!〉

　자전거 시험을 봤다. 기수가 봐주는 줄 알았는데 자전거 시험을 봐주는 선생님이 오고 있단다. 시험 봐주는 선생님을 기다리면서 자전거를 탔다. 엄청 안 오길래 기수한테 물어봤다. 아직 오고 있다고 기다리라고 했다. 벌써 40분이 지났다. 그 후로 차 몇 대가 지나가기는 했지만 자전거 시험 선생님은 아니었다. 이제 50분이 지났다. '아~ 언제 오지? 다리가 너무 아파. 어?! 어?! 어?! 저기 미니카가? 누구지? 누구지? 어!? 한솔 감독님? 설마 자전거 시험 선생님이 한솔 감독님? 진짜야? 정말이야?' 한솔 감독님과 잠깐 인사를 나눈 후 자전거 시험을 봤다. 먼저 첫 번째는 지그재그로 타기! 지그재그로 타기는 워낙 쉬워서 다행히 통과! 한 손으로 타기와 손 바꾸기! 일어서서 타기와 니은으로 타기, 시옷으로 타기! 이번에는 조금 어려웠지만 모두 통과! 자전거 시험이 끝나고 한솔 감독님이 자전거 면허증을 주셨다!!! 내가 자전거를 타고 등교할 수는 없지만 그래도 좋다! 한솔 감독님이 갑자기 말했다. 아이스크림 케이크를 가져왔단다. 너무 신나서 아이스크림 케이크를 가지러 뛰어갔다. 교실에 와서 보니 예쁜 아이스크림 케이크가 있었다. 아이스크림 케이크도 먹고 너무 좋았다. 다음에 또 자전거 시험을 보고 싶다!

주제: 자전거 시험

〈10대가 되는 나〉

    이제 10살이잖아. 이제 꼬맹이 아니잖아. 이제 열심히 살아야 해. 항상 꼬맹이 같고 부족했던 나였어도 이제는 정말로 성숙해져야 해. 조금 부족하겠지만 ♡ 앞으로도 성숙한 제이가 되어야 해. 정말로 이제는 깨달은 것도 많고 달라진 것도 많고 이상해진 것도 많아. 이제는 정말 행복해졌어.

    이제 아홉 살로 돌아갈 수 없지만 행복했으니까 괜찮아. 10살은 어떨까? 행복해질 수 있을까? 예쁜 것도 많이 보고 잘 자고 잘 살고 잘 먹고 그런 행복한 삶을 살 수 있을까? 이번에는 어떤 선생님이 우리 담임 선생님이 될까? 어떤 1학년이 들어올까? 역시 10살이 될 때는 궁금한 게 많아, 정말!

    친구들아, 10살에도 잘 지내보자! 그럼 모두 행복한 열 살 되길!

주제: 이제 열 살, 10대

〈안녕, 이제그반〉

김도훈: 도훈아! 1년 동안 우리반 친구들을 웃겨줘서 고마웠고 친구들이 수학 문제를 어려워할 때 잘 알려주고 쉽게 할 수 있게 해 줘서 고마웠어. 항상 분위기를 전환해 줘서 고마워!

김지한: 지한아! 1년 동안 평범하지는 않았지만 그저 좋은 생활을 하게 해 줘서 너무 고맙고 잘 놀아줘서 고마워, 지한아!

송아현: 아현아! 항상 나에게 친절하게 대해주고 잘 챙겨줘서 고맙고 나를 좋게 생각해 줘서 너~무 고마워. 항상 건강하길 바라고 3학년 때도 아니 3학년 때는 더더욱 친하게 지내고 행복해지자, 아현아! ♡

신승우: 승우야! 항상 밝게 지내주고 내가 늦게 갈 때 항상 기다려줘서 너무 너무 고마워, 승우야!

신지우: 지우야! 나랑 친하게 지내줘서 너~~~~무 고맙고 3학년 때도 건강하고 행복해야 해, 꼭!

조현태: 현태야! 항상 쉬는 시간이 되면 밖으로 달려나가 열심히 운동해 줘서 고마워!

함상현: 자기 별명이 원숭이인데도 항상 즐겁게 원숭이 춤을 추며 원숭이라는 별명을 잘 즐겨줘서 고마워!

구하라: 하라야! 말은 별로 없지만 우리 학교에 전학을 와서 정말 행복했어. 우리반에 여학생이 1명 늘었다는 게 말이야, 하라야! 우리 학교에 와서 울기도 하고 웃기도 하고 화나기도 했잖아, 그치? 1년 동안 정~말 정말 고마웠어!

김기수: 기수야! 딱히 고마울 건 없지만 말할게. 기수야, 만약에 3학년 때 네가 우리 담임이 된다면 글쓰기 좀 줄여줘!

주제: 안녕, 이제그반

3. 닫는 글

〈나의 상상엔 내가 있고 거기 있는 나에겐 나의 상상이 있습니다.〉

  돌담 아래에 예쁜 무인도. 아무도 살지 않지만 아름다워요. 아무도 가보지 않은 나의 상상의 나라는 꼭 예쁜 무인도 같습니다. 언젠가는 우리나라, 아니 나만의 나라 상상의 나라가 그렇게 될 수 있을까요? 꼭 그렇게 되길 바란답니다. 여러분은 심심할 때 무엇을 하나요? 저는 상상의 나라를 펼친답니다. 언제 펼쳐도 재미있고 자신의 꿈을 알아낼 수 있으니까요. 그래서 단점은 단 한 가지도 없답니다. 어떤가요? 펼쳐볼 만한가요? 저는 정말 새로운 세계를 만들어줄 좋은 선택이라고 생각합니다. 저는 정말 재미있는 상상을 하고 좋은 환경에서 나만의 나라를 만듭니다. 어떤가요? 여러분도 만들어 보실래요? 나만의 나라, 상상의 나라.

  나의 책입니다만, 내가 한 것만은 아닙니다. 나만의 이야기는 아니니까요. 친구들과 기수와의 1년이 담긴 이야기들입니다. 나만의 책은 아니지만 내 글이 들어간 책이라니 나도 모르게 기대하게 됩니다. 꼭 예쁘게 나오길 바라고 나의 상상 이상이길! 난생처음으로 낸 책, 기대되고 기쁜 마음, 항상 잘 간직할 거예요! 내가 세상에 태어나서 처음 쓴 책이니까요. 당신이 바라는 것은 무엇입니까? 나는 이 글을 쓸 때 학교 책상에 앉아 생각했습니다. 이건 내가 원하는 것이 맞을까? 어떻게 써야 하는 걸까? 그리고 그 생각은 자연스레 글이 되었습니다. 그렇게 내 마음을 담은 글이 책으로 완성

되는 상상을 했습니다. 그 과정에서 나는 내가 바라는 것이 무엇인지, 또 글을 통해 전하고 싶은 것이 무엇인지 조금 더 알게 되었습니다. 이 글이 작은 공감이 되어, 누군가의 마음에 따스함을 전할 수 있기를 바랍니다.

〈이제그반 아이들에게 보내는 가족들 글 모음〉

· 김도훈 가족

    도훈이의 책이 만들어진 것을 진심으로 축하해! 미리 읽어보면서 도훈이의 학교생활을 엿볼 수 있어서 정말 즐거웠어. 특히 친구들과 있었던 일, 수많은 도전 끝에 성공한 자전거, 다사다난 도롱뇽을 길렀던 일, 두근두근 꿈자람 발표회 등을 읽으면서 도훈이가 얼마나 깊이 생각하고 멋진 성장을 했는지 감동했어. 이렇게 많은 글을 쓰는 게 쉬운 일은 아니었을 텐데 끝까지 해낸 도훈이가 정말 자랑스러워. 앞으로도 더 많은 경험을 하고, 느끼고, 생각한 것들을 글로 남겨봐. 도훈이만의 특별한 이야기, '어이없는 김도훈' 두 번째 이야기를 기다릴게!!

· 김지한 가족

    지한이의 글쓰기 책의 앞 세 장 정도 읽고는 큰 웃음을 터뜨렸다. "온통 밥 얘기잖아!! 하하하하하" 그런데 한편으로 생각해 보니 지한이는 본인이 애정하는 것이 무언지 정확히 알고 그것에 애정을 가득 쏟는다. 만들기든, 먹는 거든, 가족이든, 그 무엇이든. 자신이 좋아하는 걸 제대로 알기란 얼마나 어려우며 그걸 알기 위해 우린 얼마나 많은 시간과 노력을 쏟는지. 아홉 살 인생에 좋아하는 걸 (벌써!) 찾아 마음껏 즐기는 지한이에게 박수를 보낸다.

· 송아현 가족

  어른이라는 안경을 끼고 보면 아이들의 삶은 작아 보인다고 평가하고 판단하게 된다. 어느 한 자리에서 일을 하고 있다는 이유만으로 마치 세상에 기여를 하고 있다고 우쭐하기 때문이다. 그래서 '놀기만' 한다고 생각되는 아이들의 삶을 나도 모르게 가끔은 가벼이 여기기도 했던 것 같다. 사랑하는 딸 아현이가 쓴 글들을 읽은 후 느낀 나의 솔직한 고백은… '딸이 아홉 살의 시간을 찬란하고 아름답게 살아냈구나.' 하는 거였다. 너무나 많은 것들을 경험하고 배웠고 다양한 사람들을 만남으로 사람을 알아갔고 희로애락의 다양한 감정들을 경험했음을 알았다. 주어진 순간을 마음껏 누리며 살고 있었다. 오히려 내가 살았던 일 년의 시간보다 더 풍성하고 노력하며 살아냈음을 깨달았다. 그리고 참 많은 사람들의 사랑과 헌신으로 그 삶들이 만들어지고 있었다. 재미있다고 표현한 이제그반 친구들 속에서 너무 큰 행복을 경험하고 있었고, 선생님들과 학부모들과 교육공동체, 심지어 지역공동체까지 힘을 모아 한 아이의 삶에 물을 주며 가꾸어 주고 있었다. 그렇게 예쁘게 자라고 있는 내 딸과 이제그반 친구들의 삶이 기대되며 응원하게 된다. 딸이 작가가 되었다. 적어낸 글들처럼 마음껏 삶을 즐기고 행복해하며, 많은 사랑들을 먹고 자라며, 지금처럼 웃고 울고 짜증 내기도 하면서 삶을 노래하는 멋진 '작가'로 자라가기를…

· 신승우 가족

승우야! 1년 동안 글쓰기 하느라 힘들었지? 그래도 먼 훗날 너의 아홉 살 인생을 책으로 볼 수 있다고 생각하면 너무 뿌듯할 것 같아! 아빠, 엄마는 승우의 글을 보면서 웃기도 하고 슬프기도 했지만 승우의 마음을 알 수 있어서 너무 좋았어! 앞으로도 그때그때의 마음을 글로 표현해 보았으면 좋겠어! 아홉 살 인생 작가가 된 걸 축하해! ♡

· 신지우 가족

지우야! 1년 동안 글쓰기가 많이 힘들었겠지만, 지우의 글을 보며 아빠와 엄마는 지우의 1년을 알 수 있어서 웃음이 나기도 하고 미안하기도 하고 너무 재미있었어! ㅎㅎ 아홉 살 1년 동안 글쓰기가 너의 인생에 두고두고 밑거름이 되었을 거라 생각해. 김기수 선생님께 항상 감사하자! 지우의 아홉 살 인생의 기록! 작가가 된 것을 축하해! ♡

· 안제이 가족

〈나는 몰라 안제이〉 글 모음집을 읽고 지난 1년이 눈앞에 만져지듯이 펼쳐졌습니다. 때로는 학교 교실에 앉아 2학년 아이들과 수업을 들었고, 어느새 하교하여 제이와 마주 앉아 시간을 보냈습니다. 지나가며 했던 이야기들, 함께 했던 순간들이 글 속에 녹아들어 그 순간의 감정과 추억을 더 깊이 간직할 수 있게 해준 것 같습니다. 눈 뜨면 출근하고, 집에 오면 밥 먹이고 씻겨서 재우기만 바빴는데, 그

동안 아이는 이렇게 생각했고 자라왔구나 하고 새삼 알게 되었습니다. 미안했던 순간을 담은 이야기에는 눈물을 훔치기도 하고, 아빠가 좋다고 해준 표현에는 저도 모르게 가슴이 뭉클해지기도 했습니다. 그렇게 한 편 한 편의 글을 읽으며 지나간 시간을 다시금 되새겼습니다. 기록하지 않았더라면 스쳐 지나갔을 일들이, 글똥누기가 너무 싫고 그걸 시키는 기수 쌤은 더 싫다던 아이의 불평이, 이렇게 책으로 완성되어 놓쳤던 아이의 마음과 내 지난 모습을 보여줍니다. 그 소중한 순간들이 모여 앞으로의 시간을 더욱 값지게 만들어 줄 것입니다. 마지막으로 한 권만으로도 방대한 분량의 글인데, 반 아이들 9명 모두의 글을 모아 9권의 책으로 엮어주신 기수 쌤께 깊은 감사를 드립니다. 늦은 밤까지 모니터 앞에서 피곤을 달래며 편집해 주셨을 생각에 더욱 감사한 마음이 듭니다. 1년을 함께 지내며 집에서 하도 기수라고 불렀더니 선생님이라는 호칭보다 기수라고 부르는 게 더 익숙해졌습니다. 친근함을 넘어선 그 따뜻한 사랑이 아이들 마음에 오래도록 남을 것입니다.

· 조현태 가족

잘못될까 봐... 안 좋을까봐... 걱정과 염려를 가지고 아이를 보던 제 마음을 또 반성합니다. 아이 안에 이미 아이의 우주가 있고 보아주고 믿어주기만 하면 아이만의 인생을 그려낼 텐데 이 쉬운 걸 자꾸만 까먹는 게... 저에게는 영 어려운 일입니다. 아이가 자주 글을 쓰고 그 글을 읽을 수 있으면 좋겠습니다. 그래서 까먹을 때마다 다시 기억해 낼 수 있으면 좋겠습니다. 특별한 우리 아이를 있는 그대로 보아주고 함께해 주는 이제그반 친구들과 부모님들, 2024년 행복한 한 해의 기억과 특별한 경험을 선물해 주신 기수 쌤 감사합니다.

· 함상현 가족

　사랑하는 우리 아기 상현아. 너의 첫 번째 책의 출판을 진심으로 축하해. 한 줄 한 줄 너의 책을 끝까지 읽는 동안 웃다가 울다가 ㅎㅎ 엄마, 아빠의 얼굴엔 미소가 사라지지 않았어~ 너의 잊지 못할 추억, 행복하고 소중한 2학년 〈기수 쌤과의 이제그반〉의 생활을 엄마, 아빠도 볼 수도, 느낄 수도 있었단다. 건강한 웃음소리가 들렸고 해피 바이러스를 느끼게 해줘서 우리 상현이와 이제그반에게 고맙고 감사해~ 너무너무 축하하고 사랑해, 내 아기♡

· 구하라 가족

　하라의 아홉 살 인생을 보며 하루도 빠짐없이 열심히 건강하게 보낸 것 같아 마음 가득 기쁘고 감사합니다! 함께해 준 친구들과 기수 샘, 채워주신 마을 선생님들 덕분입니다!! 감사합니다! 그 누구보다 강릉을 잘 누리고 있는 하라야! 난 1년 동안 운산초 이제그반에서 많은 도전을 하면서 한 뼘 성장한 모습을 보면서 우리는 늘 감사한 마음이야. 글 쓰는 재미를 발견하고 이제그반을 통해 너의 글이 세상에 나올 수 있게 된 것을 축하해. 지금부터 수없이 써 내려갈 너의 생각과 글과 그림이 누군가를 미소 짓게 하고 누군가를 위로를 하고 누군가를 응원할 수 있으면 좋겠어. 앞으로 딛고 사는 세상의 아름다움과 아픔을 발견하고 네 방식대로 표현하는 삶을 살아가길 우리 모두 응원하고 기도해.

[특별편] 도롱뇽 일기

2024. 3. 14.(목)

〈도롱뇽 알이다!〉

   도롱뇽 알을 잡았다. 잡은 도롱뇽 알은 큰 통에 넣어서 키우기로 했다. 빨리 태어나면 좋겠다. 도훈이랑 승우는 늪에 빠졌다. 이번에는 젖지 않았다. 도훈이는 늪에 빠질 때 종아리까지 찼다고 한다. 나는 누가 버린 유리병 두 개에 도롱뇽 알 두 개가 있어서 딱 넣었다. 송사리랑 물방개랑 미꾸라지랑 물장군도 있었다.

〈도롱뇽 1일째〉

   약간 벌어진 아이들도 있고 완전 동그란 아이들도 있다. 살짝 벌어진 아이들이랑 동그란 아이들 모두 건강하게 자라라! 동그란 애들은 귀엽고 아직 움직이지는 않지만 너무 귀엽고 말랑말랑 도롱뇽 알들이다.

2024. 3. 15. (금)

〈조금 남은 도롱뇽 알〉

   도롱뇽 알을 몇 개 풀어주었다. 남은 도롱뇽 알은 두 덩이다. 영상에서 본 도롱뇽들처럼 건강하게 자라면 좋겠다. 풀어준 도롱뇽 알들도 죽지 않고 잘 자라면 좋겠다! 빨리 태어나서 귀여운 도롱뇽이 되면 좋겠다. 남은 도롱뇽 알들아! 모두 건강하게 자라!

〈도롱뇽 2일째〉

   이제 도롱뇽 알들이 많이 벌어져서 콩같이 귀엽다. 빨리 태어나서 돌챙이들이 되면 좋겠다. 아직 조금 콩같지 않고 약간 동그란 아이들도 있다. 빨리 태어나서 귀엽고 부드러운 도롱뇽들이 되면 좋겠다. 모두 건강하고 귀여운 도롱뇽! 건강한 도롱뇽이 되어줘!

2024. 3. 18.(월)

〈도롱뇽 5일째〉

 도롱뇽 알들이 날씬해져서 멸치 같아졌다. 이틀 못 봤다고 엄청 커진 것 같다. 이제 다음 주 월요일이면 태어날 것 같다. 엄청 많이 돌챙이 형태가 갖추어졌다. 어쩌면 다음 주 월요일이 아닌 이번 주 일요일에 태어날지도 모르겠다.

2024. 3. 19. (화)

〈도롱뇽 6일째〉

    도롱뇽 알이 조금씩 움직인다. 태어날 준비를 하나보다. 하얀 돌챙이들이 많아졌다. 많이는 안 태어나나 보다. 아쉽다. 그래도 남은 돌챙이들도 많으니까 괜찮다.

2024. 3. 20. (수)

〈도롱뇽 7일째〉

　도롱이의 꼬리가 조금 얇아졌다. 도롱뇽 알을 보다 보면 내가 무서운지 자꾸 몸을 구부린다. 다~ 자라면 너무 귀여울 것 같아 기대된다. 도롱이들이 알을 낳으면 다른 반에도 나누어주어야지! 다른 도롱뇽 알, 우리 도롱이들이 낳은 알도 건강하게 행복하게 살았으면 좋겠다.

2024. 3. 21. (목)

〈성체 도롱뇽을 잡다〉

　친구들이 도롱뇽을 잡았다. 내가 없을 때다. 교실에 들어오니까 도롱뇽이 있었다. 실제로 보니까 너무 신기하고 귀엽다. 도롱뇽 알이 있으니까 도롱뇽도 있어야지! 살살 만지면 도망가지 않는다. 그런데 친구들이 자꾸 손에 올리고 막 만진다.

2024. 3. 25. (월)

〈도롱뇽 12일째〉

   도롱뇽 알이 부화했다. 엄청 조그맣다. 도롱뇽 알에서 돌챙이들이 태어나려고 알주머니 바깥쪽으로 붙고 있다. 내일은 삶은 계란도 가지고 와야지! 아빠가 물고기 밥이 남아서 돌챙이들 주라고 학교에 가지고 가라고 했다. 맛있게 먹으면 좋겠다. 냉짱은 잘 먹지 않는다. 입맛에 안 맞나 보다.

2024. 3. 26. (화)

〈도롱뇽 13일째〉

　뇽뇽아 안녕! 혼자서 도롱뇽 육아를 처음으로 해본다. 동물은 아빠나 친구들이랑 키워봐서 잘 모르지만 그래도 잘 키워볼게! 자세히 보면 심장이 살짝 보이고 배가 엄청 귀엽다. 갈기가 2개밖에 없는 줄 알았는데 자세히 보니 엄청 많다. 너의 정보를 아직 조금밖에 모르지만 천천히 알아볼게! 귀엽고 사랑스러운 도롱뇽이 되길 바라!

2024. 3. 27. (수)

〈도롱뇽 14일째〉

   제제, 재재야 안녕! 어느새 두 마리가 되었네! 제제는 엄청 활발하고 재재는 살짝 느리긴 하지만 그래도 건강하게 자라! 이따가 삶은 계란도 줄게. 고마워! 꼬리가 살~짝 길어졌다. 갈기가 살짝 내려갔고 눈이 살짝 커졌다.

2024. 3. 28. (목)

〈도롱뇽 15일째〉

   미안하다... 내 손가락에 잘려 죽은 돌챙아... 미안하다... 잘 부화시키지 못한 돌챙이들아... 계란 중독에서 힘들게 해서 미안하다... 재재야! 미안하다... 그리고 잘 키우지 못해서 미안하다. 죽은 돌챙이들아! 꼭 다음에는 사람으로 환생해. 미안해. 무덤 예쁘게 꾸며줄게!

2024. 4. 2.(화)

〈도롱뇽 20일째〉

    제제가 더 밥을 많이 먹은 것 같다. 커지면서 움직임이 더 빨라지고 점박이 무늬가 더 진해졌다. 점점 커지고 귀여워지고 있다. 많이 커져서 빨리 도롱뇽이 되면 좋겠다. 재재는 밥이 너무 많은가? 밥이 한참 남아있다. 이번에는 진짜 죽이지 않고 키워야겠다. 갈기를 보니 저게 다리가 되지 않을까라는 생각을 했다. 과연 도롱뇽까지 키울 수 있을까?

2024. 4. 3.(수)

〈성체 도롱뇽 탈출하다〉

　　나는 어젯밤 탈출을 성공했다. 복도가 차가웠다. 마침내 나가는 문을 찾았다. 저 문을 어떻게 열지? 이번에도 탈출 실패인가? 나는 복도를 돌아다녔다. 여긴 어디지? 나는 지금 어디에 있는 걸까? 탈출을 시도하려다 이상한 곳으로 와버렸다. 어떻게 하지? 일단 배고프니까 먹이를 찾아봐야겠다. 악! 인간의 발소리가 들린다. 다시 돌아갈까? 그런데 어떻게 가지? 너무 좁아! 여기서 나가고 싶다! 빨리 나가면 인간에게 밟혀죽겠지? 하지만 지금 여기 있으면 말라 죽는 거잖아!

2024. 4. 5. (금)

〈도롱뇽 23일째〉

   도롱뇽의 형태가 보이지 않지만 그래도 많이 자란 것 같다. 어느새 주말 사이에 커다란 도롱뇽이 되어있지는 않겠지만 무럭무럭 자라면 좋겠다. 4개월 정도 지나면 도롱뇽의 형태가 되어있겠지! 건강한 도롱뇽이 되길 바라고 꼭 도롱뇽이 되어 행복하면 좋겠어!

2024. 4. 9.(화)

〈도롱뇽 27일째〉

    재재가 제제를 질투했는지 폭풍성장을 했다. 제제는 놀란 건지 막 움직였다. 돌챙이들이 고생했다. 이제 고생을 안 해도 된다. 이제부터 맛있는 거 많이 줄 거니까. 이제 한곳에 모여 가족처럼 동종포식하지 말고 살면 좋겠다. 가족처럼은 아니더라도 동종포식은 안 해라!

2024. 4. 12. (금)

〈도롱뇽 30일째〉

  영상을 보니 갈기같이 보이는 것은 아가미였다. 신기했다. 배 쪽을 보니 엄청 빨간 게 있었다. 아무래도 심장인 것 같다. 조금 자라니 더 통통해진 것 같다. 다리가 생겼다.

〈올챙이 2일째〉

  올챙이들이 밥을 먹고 있다. 나도 밥 먹고 싶다. 돌챙이보다는 까만데 밥을 엄청 잘 먹는다. 먹는 모습이 너무 귀엽다. 돌챙이랑 다르게 잘 움직이지 않는다.

2024. 4. 15. (월)

〈도롱뇽 33일째〉

　관찰해 보았더니 지난번이랑 별 차이가 없는 것 같다. 먹이는 올챙이를 잘 먹는 것 같다. 돌챙아 너무 많이 먹지 마. 나도 먹고 싶잖아!

〈올챙이 5일째〉

　올챙이를 보니 다리인지 뭔지 모르겠는 게 막 나오고 있다. 돌챙이들의 먹이가 된 올챙아, 미안하다! 다음 생에는 행복해!

2024. 4. 22. (월)

〈성체 도롱뇽을 찾다?〉

   배 색깔이 보라색. 위에는 살색이 있어서 너무 신기하다. 헤엄치는 걸 보면 어떻게 헤엄치는지 신기하다. 점박이는 왜 있는지 너무 궁금하다. 아무튼 너무 너무 너무 너무 귀엽다.

〈개구리를 잡다〉

   개구리 17마리! 진짜 이게 말이 되나? 배에 올록볼록. 통에 가득. 17마리만 해도 많은데 더 잡는다고? 신기하긴 하지만 이건 너무 많은 거 아니야?

2024. 4. 23. (화)

〈개구리를 풀어주다〉

    잘 가, 개구리들아! 앗! 도훈아! 손으로 잡아서 던지면 어떡해! 아무튼 잘 가! 개구리들아, 다음부터는 더 좋은 주인이나 자연에서 살면 좋겠어! ^.^ 다음에는 잡히지 마. 알겠지? 잡히면 또 그렇게 둘 테니까!

2024. 5. 7.(화)

〈도롱뇽 55일째〉

　야생에서 잡아온 돌챙이보다 훨씬 작은 원래 키우던 돌챙이. 둘이 동종포식을 하지는 않을까 걱정을 했다. 잘 지켜보니 야생 돌챙이가 살짝 살짝 걸었다. 신기하고 귀여웠다.

〈올챙이 27일째〉

　늦잠을 자고 학교에 와보니 야생 올챙이들 빼고 모두 죽어있었다. 개구리로 키울 수 있었지만 너무 불쌍하다. 살금살금 걸어 다녀 너무 귀여웠는데. 다음 생에 만나자!

2024. 6. 10. (월)

〈도롱뇽 89일째〉

　자연산 돌챙이는 도롱뇽이 되었다. 4일 만에 무슨 일이 있었는지 모르겠다. 다시 봐도 너~~무 귀엽다! 또 보고 또 보고 또 봐도 너~~~무 귀엽다. 빨리 몸집이 커지면 좋겠다. 양식 돌챙이는 너무 통통해진 것 같은데… 먹어도 너~~~무 많이 먹은 것 같다. 그만 먹어! 배 터져!

2024. 6. 19. (수)

〈도롱뇽 98일째〉

  한동안 고마웠어. 많이 보고 싶을 거야. 100일 잔치도 못하고 떠났네. 한동안 많이 생각날 거야. 잘 지내야 해~ 알겠지? 카페에 글만 올리지 않았어도 지금쯤 함께 하고 있을 텐데… 그 통통한 배도 보고 싶고 귀여운 눈도 보고 싶어. 네가 항상 매일 생각날 거야. 며칠이라도 생각해 줘, 롱뇽아. 돌챙아. 자꾸 네가 생각나. 날 조금만이라도 조금만이라도 생각해 줘. 고마워, 사랑해, 미안해. 하아~ 네가 계~~~속 생각나. 어떤 말을 할지 모르겠다. 미안해, 사랑해. 계속 함께 하고 싶었는데 떠나보냈네. 날 보는 그 눈빛, 그 통통한 배… 아직 더 할 말이 남았는데…

2024년 운산초등학교
2학년 이제그반 글쓰기 모음집은
모두 총 9권이야.

1. 어이없는 김도훈
2. 만들기를 좋아하는 김지한
3. 좋아하는 게 많은 송아현
4. 꿈이 많은 신승우
5. 많은 걸 좋아하는 신지우
6. 나는 몰라 안제이
7. 빠르다 조현태
8. 미술이 싫은 함상현
9. 몽실이와 구하라

어떤 책을 읽었니?

9권을 모두 읽으면
깜짝 놀랄 일이 벌어질 거야!

> 당신의 바다는
> 삶을 받아쓰는 당신을 응원합니다.

책 제목 나는 몰라 안제이
2025년 3월 3일 1판 1쇄 펴냄

글쓴이 안제이
엮은이 김기수
펴낸이 김민섭
펴낸곳 당신의바다

출판등록
주소 강원특별자치도 강릉시 강릉대로 217 3층
이메일 xmasnight@daum.net

ISBN 979-11-93847-30-5 03810